In der Küche wohnt das Glück

Susan Hill

In der Küche wohnt das Glück

Ein Garten-, Koch- und Schmausebuch mit Illustrationen von Angela Barrett

Gerstenberg Verlag

CIP-Kurztitelaufnahme der Deutschen Bibliothek

Hill, Susan:
In der Küche wohnt das Glück:
ein Garten-, Koch- und Schmausebuch/
Susan Hill; Angela Barrett
[Aus d. Engl. übertr. von Hildegard Krahé]
Hildesheim: Gerstenberg, 1985 – 72 S.: Ill.
Einheitssacht.: Through the kitchen window ‹dt.›
ISBN 3-8067-2029-0

NE: Barrett, Angela:

Aus dem Englischen übertragen von Hildegard Krahé
Die Originalausgabe erschien unter dem Titel
„Through the Kitchen Window“ bei Hamish Hamilton Ltd., London

Printed in Italy
ISBN 3-8067-2029-0

Winter

Die Winter-Küche

Im Winter ist die Küche das Herz des Hauses. In ihr ist Leben. Auf dem Herd brodelt und brutzelt es in Kesseln, Töpfen und Pfannen. Besucher kommen herein und sitzen mit uns in der Küche. Die Kinder benutzen den Küchentisch, um zu zeichnen, zu malen oder zu basteln. Sie helfen beim Kochen und lauern darauf, Schüsseln und Töpfe auszulecken.

Auf einem Stuhl sitzend kann man in der Küche in Ruhe lesen und warten, bis dies oder jenes geknetet, gewendet, umgerührt, übergossen oder aus dem Backofen geholt werden muß. Neben dem Ofen schnurren die Katzen mit halbgeschlossenen Augen.

Immer ist die Küche im Winter warm und voller angenehmer Düfte: Es riecht nach gebratenem Fleisch und dampfender Suppe, geschmorten Zwiebeln und selbstgebackenem Brot. Das Hackmesser, mit dem Möhren, Rübchen und frische Porreestangen zerkleinert werden, ruft ein ganz eigentümliches Geräusch hervor. Man hört das rhythmische Surren des elektrischen Mixers. Und wenn er aufgehört hat, vernimmt man in der Stille das Ticken der Uhr.

Im Winter sind die Küchenfenster beschlagen, ungelenke Finger zeichnen Strichmännchen, Namen und lachende Sonnengesichter auf die Scheiben. Draußen, das bedeutet zu dieser Jahreszeit frühe Dunkelheit, Regen und Sturm, der die verriegelten Türen klappern, oder Eis, das alles erstarren läßt.

Doch drinnen ist es warm, hell und angenehm. Man sitzt gesellig beisammen.

Teezeit im Winter

Sonntagnachmittag im Dezember. Großmutter und Großtante machen neben dem Kamin ein Nickerchen. Die Katzen liegen langgestreckt auf dem Vorleger. Alle anderen haben sich auf einen Spaziergang begeben, eingepackt in warme Stiefel und Mäntel, Fausthandschuhe und dicke Schals.

Sie sind über das Feld in Richtung Wald gegangen. Die Luft ist naßkalt und rauh, sie nimmt einem den Atem. Frühmorgens und abends ist der Erdboden hartgefroren. Die Männer haben ihre Gewehre umgehängt, an Hals und Schultern baumeln die erlegten Kaninchen und Tauben. Die Kinder tollen übermütig herum. Ihre Stimmen schallen weit in der ruhigen frostigen Luft. Alle stampfen mit den Füßen, hauchen sich die Finger warm und schlagen die Arme um sich.

Und dann geht die Sonne glutrot hinter dem nächsten Hügel unter.

Die Kälte schmerzt in den Armen und Beinen, die Zähne klappern, die Haut springt auf und die Nasen laufen. Nun machen sich alle auf den Heimweg. Die Lichter im Haus strahlen ihnen einladend entgegen. Es ist Zeit für den Tee.

Der Tisch ist für den *High Tea* reich gedeckt. Da stehen Schüsseln und Platten voller Köstlichkeiten und mitten drin – der summende Wasserkessel und das Stövchen mit der Teekanne. *High Tea* ist keine feierliche oder förmliche Angelegenheit: Man zieht sich da-

zu nicht extra um. *High Tea* ist ein rundum deftiges Essen in geselliger Runde, ein richtiges Mahl, bei dem es hoch hergeht.

Es gibt kalten Schinken, Zunge in Scheiben und rosa-rotes, dick aufgeschnittenes Rindfleisch, das man vorher eigens in einer Fleischpresse geformt hat. Dazu wird ein heller Senf gereicht, außerdem Meerrettich, der so scharf ist, daß einem die Augen tränen. Da stehen Glasbehälter mit Mixed Pickles und Piccallilli, das sind in einer Essig-Senf-Sauce eingelegte Gürkchen, Perlzwiebeln und Blumenkohlröschen, von denen man sich selbst mit einer silbernen Gabel bedienen kann. Und nicht zu vergessen Chutney, diese dickflüssige, dunkelbraune Würztunke mit ganzen, süß-sauer eingelegten Früchten und Gemüsen, beispielsweise mit Rotkohl und kleinen, in Rotweinessig eingelegten Rübchen.

Dazu werden Salate gereicht – kein welker Kopfsalat und keine faden Tomaten, sie gehören nicht in diese Jahreszeit – sondern typische, knackige Wintersalate aus geraspeltem Weißkohl, Chicorée, würzigem Sellerie und säuerlichen Äpfeln mit darüber gestreuten Rosinen.

Und zum Fleisch oder danach gibt es die wohlschmeckenden Pasteten. Eine hochaufgetürmte, saftriefende Schweinefleischpastete. Eine kräftige, gehaltvolle Pastete aus Eiern und Frühstücksspeck im Blätterteigmantel. Eine Pastete aus Hackfleisch und Zwiebeln und, zu guter Letzt, noch eine Kalbfleisch-Schinken-Pastete. Es gibt Schottische Eier, also hartgekochte, mit Hackfleisch ummantelte, in Ei und Paniermehl gewälzte und anschließend fritierte Eier, sowie zarte Hackfleischröllchen in Blätterteig.

Dann kommt der Nachtisch: ein süßer Auflauf in einer Kristallschale, bestehend aus lagenweise angeordneten Biskuitkrümeln, Obstsalat, roter Götterspeise und Vanillepudding, obenauf phantasievoll mit Sahnetupfern, roten Kirschen und grünen Engelwurzstreifen verziert.

Brot. Weißbrot- und Schwarzbrotscheiben, die mit Butter und Marmelade bestrichen werden. Tee- und Rosinenbrote, die wegen ihrer vielfältigen Zutaten eher als Kuchen bezeichnet werden müßten. Sie sind angereichert mit Früchten – Korinthen, Datteln, Walnüssen – und Honig. Kuchen. Leichte, luftige Gebilde und sündhaft schwere Brocken. Runder, flacher, aber gehaltvoller Früchtekuchen. Luftiges Sandgebäck mit dickem Zuckerguß und geriebenen Nüssen obendrauf. Kümmelkuchen. Mit Marmelade gefüllter dunkler Kuchen nach Dundee-Art, der mit gemahlenen Mandeln gebacken und dessen Oberfläche mit gerösteten Mandelsplittern bespickt ist. Victoria Sandwich – ein traumhaft leichtes Gebilde aus Tortenteig, gefüllt mit Marmelade und Sahne. Zitronenkuchen, den man gerade aus dem Backofen geholt, rundum mit Gabelstichen versehen und mit frischem Zitronensaft begossen hat – da steht er nun, trieft von Saft und duftet. Auf Extratellern liegen Berge von Biskuits, Honigkuchen, Mürbe- und Schmalzgebäck.

Warme Krapfen und Blechkuchenstücke sowie Toastscheiben, mit Butter bestrichen und mit Zimtzucker bestreut, werden unter einer Haube serviert.

High Tea zur Winterzeit ist eine deftige Hauptmahlzeit, gut gegen Kälte und Dunkelheit, eine Mahlzeit für jedes Alter, jeden Appetit und jeden Geschmack. Typisch für England. So etwas bekommt man sonst nirgendwo geboten.

Wurst- und Zwiebelauflauf

200 g Mürbeteig (würzig und pikant)
200 g Schweinemett
1 große Zwiebel
1 großes Ei
Kräutermischung aus getrocknetem Thymian, Majoran und Salbei.

Eine Auflaufform (Durchmesser 30 cm) mit einer Teigschicht auslegen.

Wurst, gehackte Zwiebel, das geschlagene Ei und die Kräuter gut miteinander vermischen. Mit Pfeffer abschmecken. Auf den Teig geben und mit einer weiteren Teigschicht abdecken. Die Oberfläche mehrmals mit einer Gabel einstechen.

30 Minuten im heißen Ofen backen.

Früchtebrot

175 g gemischte, getrocknete Früchte, grob gewürfelt
30 g gehackte Zitronen- und Orangenschalen
1 Tasse kalten Tee
125 g Honig
1 Ei
200 g Mehl mit einem Teelöffel Backpulver, gesiebt
30 g zerlassene Butter
1 Prise Salz

Früchte, Schalen und Honig in den Tee geben und über Nacht weichen lassen.

Am nächsten Tag das geschlagene Ei, Mehl mit Backpulver und Salz und zum Schluß die zerlassene Butter hinzugeben.

45 Minuten bei 180 Grad im Elektroherd backen. Herausnehmen und mit geschmolzenem Honig beträufeln. Mit gehackten Walnüssen und braunem Zukker bestreuen und nochmals für 30 Minuten in die Backröhre schieben.

Zitronenkuchen

250 g zerlassene Butter
250 Puderzucker
2 Eier
1–2 Zitronen
250 g Mehl mit einem Teelöffel Backpulver, gesiebt.

Die zerlassene Butter mit der Hälfte des Zuckers und dem geschlagenen Ei vermischen. Die abgeriebene Zitronenschale in den Teig geben und dann das Mehl unterrühren. Eine Kastenform einfetten, die Teigmasse einfüllen und 20 Minuten bei mäßiger Hitze backen.

Auf eine Kuchenplatte stürzen und in noch warmem Zustand mit einer Gabel oder einem Spieß einstechen. Den Rest des Puderzuckers mit Zitronensaft mischen und über den Kuchen träufeln.

Warm servieren.

Winterkrankheiten

In früheren Zeiten kamen die Linderungs- und Heilmittel gegen Husten und Erkältungen nicht aus der Apotheke, sondern aus der Küche.

In vielen alten Kräuterbüchern scheint nahezu jede Pflanze aus Garten, Hecken- oder Ackerrain einschlägig erwähnt zu sein. Einige werden noch heute oft benutzt, wenn sie auch von zweifelhafter Wirksamkeit sind; viele bekommt man heutzutage kaum noch. Es gibt jedoch zwei pflanzliche Hausmittel, die leicht verfügbar und leicht zuzubereiten sind und deren Wert erwiesen ist. Bei allen gesundheitlichen Störungen zur Winterszeit wie Husten, Schnupfen, Heiserkeit, Schüttelfrost und Fieber kann man sich auf die Mittelchen aus der Küche verlassen, die sowohl vorbeugend als auch lindernd wirken und gelegentlich sogar echte Heilerfolge bringen.

Knoblauch und Zwiebeln sind erprobte und bewährte Mittel gegen Erkältungen und Fieber. Knoblauch ist ein natürliches Antiseptikum und verfügt über antibiotische Eigenschaften. Besonders wirksam ist er bei katarrhartigen Beschwerden. Ohne Frage stellt sein Genuß eine Zumutung für die Umwelt dar, sofern ihn nicht alle Familienmitglieder gleichzeitig verzehren. Eine Möglichkeit gibt es allerdings, Knoblauch in großen Mengen zu sich zu nehmen, nämlich in Form von Suppe. Wenn man sie, wie unten angegeben, zubereitet und siedendheiß serviert, wird der charakteristische Knoblauchgeschmack, den manche Zeitgenossen allzu aufdringlich finden, angenehm gemildert.

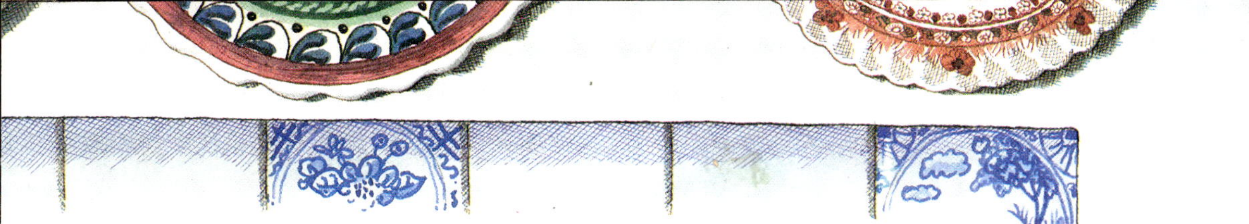

Knoblauchsuppe

2 große Knoblauchknollen
1 ⅛ l Wasser
Salz und schwarzer Pfeffer
3 Eßlöffel Olivenöl
50 g Butter
30 g Mehl
50 g frisch geriebener Parmesan-Käse

Knoblauch in Zehen zerteilen, aber nicht häuten. Etwa eine Minute lang in Wasser kochen lassen. Herausnehmen und enthäuten.

Knoblauchzehen, Olivenöl, etwas Thymian, ein Lorbeerblatt, Salz und Pfeffer ins Wasser geben. 30 Minuten sieden lassen. Knoblauch herausnehmen und zu Brei pressen, der wieder an die Flüssigkeit gegeben wird.

Aus Butter und Mehl eine Einbrenne machen, ablöschen und allmählich an die Suppe geben. Rühren, bis alles geschmeidig ist.

Kurz aufkochen lassen und mit geriebenem Parmesan-Käse servieren und, wenn vorrätig, mit gehackter Petersilie bestreuen.

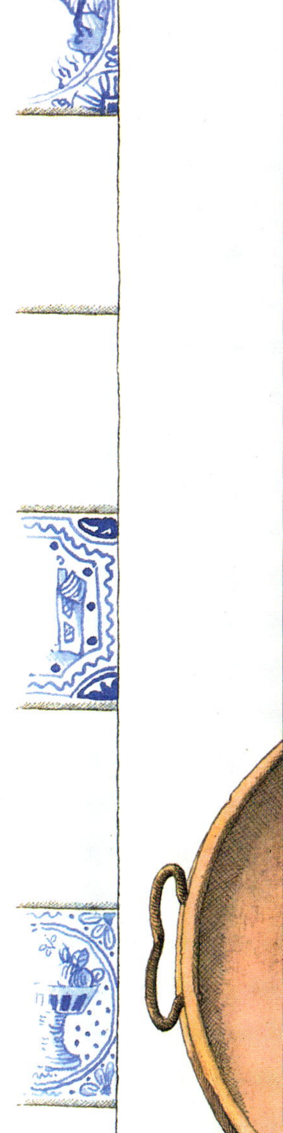

Bei Schüttelfrost, Fieber und hartnäckigen Erkältungen nehme man Zwiebelsuppe oder auch Zwiebeln im ganzen gekocht zu sich und gehe nach dem Essen sofort ins Bett.

Wegen der gesundheitsfördernden Eigenschaften sollte man zur Winterszeit in der Küche reichlich Zwiebeln verwenden.

Wenn man während der kalten Jahreszeit die natürlichen Abwehrkräfte gegen Krankheiten stärken will, kann man auf Obst und frische Obstsäfte nicht verzichten. Sie sind auch vor allem für all jene wichtig, die sich bereits eine Erkältung geholt haben.

Zitrusfrüchte werden in großen Mengen importiert und sind am besten und saftigsten zwischen November und Februar. Dann sind Zitronen und Orangen besonders preiswert, und sie bringen beim Auspressen mit ihrem wundervoll aromatischen Duft einen Gruß vom Mittelmeer oder aus den Tropen in die Küche.

Bei jeglicher Art von Erkältung oder bloßem Frösteln tut ein heißer Grog gut. Frischer Zitronensaft wird mit kochendem Wasser vermischt, mit Honig gesüßt, und schließlich wird noch ein kräftiger Schuß Whisky, Rum oder Cognac hinzugefügt.

Einem fiebernden Patienten sollte man kühle Getränke anbieten, um den Wasserhaushalt des Körpers auszugleichen und um den wunden Hals und die trokkenen Schleimhäute zu entlasten.

Tante Pamelas Zitronentrank

2 oder 3 Zitronen dünn schälen und auspressen
500 g Zucker
30 g Zitronensäure
1 l kochendes Wasser

Zitronenschalen und -saft mit den übrigen Zutaten in einen großen Krug geben, mit kochendem Wasser übergießen und solange rühren, bis der Zucker aufgelöst ist.

Zudecken. Abkühlen lassen und gelegentlich umrühren. Nach Belieben verdünnen. Im Kühlschrank etwa zehn Tage haltbar.

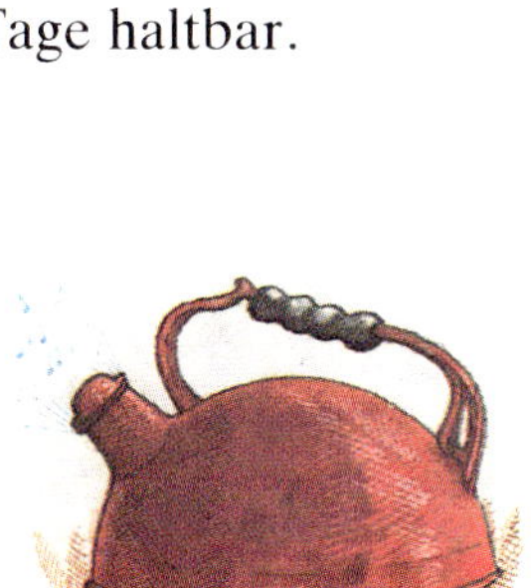

Weihnachten

In der Küche beginnt die Weihnachtszeit schon im Oktober. Dann wird das *Mincemeat* vorbereitet – eine Mischung aus Rosinen, Zucker, Muskat, Weinbrand, Apfelsinen- und Zitronenschale. Außerdem wird der Kuchen gebacken und der Pudding gemacht. Bald ist jeder Winkel und jede Ecke des Hauses von würzigen, exotischen Gerüchen erfüllt, die sich dort bis in den Dezember hinein halten.

Es duftet nach Zimt aus Sri Lanka, nach Gewürznelken aus Sansibar, nach Ingwer aus China und Jamaika, nach Muskatnuß aus Indien und vielen anderen guten Sachen aus aller Herren Länder.

Auf dem Tisch stehen Schalen, angehäuft mit Korinthen, Rosinen, Sultaninen, Datteln sowie mit Bergen von gehackten Orangenschalen, Zitronatwürfeln und kandierten Kirschen, ferner geschmeidiger, krümelig weicher Rindertalg, das Fruchtfleisch von Orangen und Zitronen sowie Äpfel der Sorten Blenheim, Bramley, Lambourne und Cox, alle sehr sorgfältig zerkleinert. Jeder, der vorbeikommt, hilft beim Puddingrühren und zieht den Duft des aufsteigenden Branntweins in die Nase. Weihnachten steht vor der Tür.

Ein Weihnachtsessen

»Es folgte dann ein so frohes Getümmel, daß man hätte glauben können, eine Gans sei der seltenste aller Vögel, ein gefiedertes Wunder, neben dem ein schwarzer Schwan etwas ganz Gewöhnliches sei. In diesem Haus war die Gans wirklich einem Wunder ähnlich. Mrs. Cratchit ließ die Soße, die schon zuvor in einer kleinen Pfanne fertiggeworden war, noch einmal aufkochen. Master Peter zerstampfte mit unglaublicher Kraft die Kartoffeln.

Miss Belinda zuckerte das Apfelmus. Martha säuberte die gewärmten Teller. Bob nahm Tiny Tim und setzte ihn neben sich auf ein Eckchen des Tisches. Die beiden jungen Cratchits rückten für jedermann Stühle an den Tisch, allerdings ohne sich selbst zu vergessen, zogen dann als Wachen auf Posten und steckten die Löffel in den Mund, um nicht laut nach der Gans zu schreien, bevor sie an der Reihe waren. Endlich war das Essen aufgetragen und das Tischgebet gesprochen. Darauf folgte eine atemlose Pause, als Mrs. Cratchit langsam am Tranchiermesser entlangsah und begann, es in die Brust des Tieres hinabzusenken. Als das nun endlich geschah und die langerwartete Füllung hervorbrach, lief ein Murmeln des Entzückens um den ganzen Tisch herum, und sogar Tiny Tim schlug, von den beiden jungen Cratchits dazu aufgemuntert, mit dem

Griff seines Messers auf den Tisch und rief mit schwacher Stimme: »Hurra! Hurra!«

Eine solche Gans hatte es nie zuvor gegeben. Bob sagte, er glaube nicht, daß je zuvor eine ähnliche zubereitet worden sei, Zartheit, Geschmack, die Größe und der Preis waren Gegenstand allgemeiner Bewunderung. Zusammen mit dem Apfelmus und den Kartoffeln bildete die Gans eine ausreichende Mahlzeit für die ganze Familie; als Mrs. Cratchit aber noch einen ganz kleinen Knochen in der Schüssel liegen sah, bemerkte sie mit großer Freude, sie hätten ja noch nicht einmal alles aufgegessen. Aber jeder hatte genug gehabt. Besonders die jungen Cratchits waren bis zu den Augenbrauen in Salbei und Zwiebeln getaucht. Jetzt wurden von Miss Belinda die Teller gewechselt, und Mrs. Cratchit, zu nervös, um Zuschauer zu ertragen, ging allein aus dem Zimmer, um den Pudding zu holen und ihn dann hereinzubringen. Wenn er nicht gar wäre! Es wäre nicht auszudenken, wenn er beim Herausnehmen etwa auseinanderfiele! Oder etwa irgendjemand wäre über die Mauer des Hinterhofes gestiegen und hätte ihn gestohlen, während sie die Gans aßen! Ein Gedanke, bei dem die beiden jungen Cratchits leichenblaß wurden. Alle möglichen Schrecken malte man sich aus. Plötzlich! Eine mächtige Dampfwolke! Der Pudding kam aus der Form. Der Geruch! Erst roch es wie an einem Waschtag, es war das Umschlagtuch! Dann aber roch es wie in einem Gasthaus, neben dem ein Konditor wohnt, neben diesem aber wieder eine Wäscherin! Das war der Pudding! Eine halbe Minute später trat Mrs. Cratchit ein, sie errötete, lächelte aber stolz, nahm den Pudding, hart und fest war er wie eine Kanonenkugel, die in einem halben Achtel Rum lodert und von einem Stechpalmenzweig gekrönt war. Oh, was für ein herrlicher Pudding! Bob Cratchit sagte, und das mit aller Gemütsruhe, er halte dies wohl für das gelungenste Werk, das Mrs. Cratchit während ihrer ganzen Ehe vorgebracht habe.«

Charles Dickens: *A Christmas Carol*

Winterpudding

Wintertage sind wie gemacht für schwere, gehaltvolle Puddings, mit Marmelade oder Sirup gesüßt, in einer Form gedämpft oder wie Serviettenknödel im Wasserbad gekocht.

Da gibt es all die Puddings mit ihren traditionellen Namen:

Guard's Pudding

Castle Pudding

Cabinet Pudding

Poor Knights of Windsor

Queen of Puddings

Parson's Pudding

Sussex Pond Pudding

College Pudding

Quaking Pudding

Roly Poly

Spotted Dick

So ein echter englischer Pudding ist ja ohnehin eine Sache für sich – er ersetzt im allgemeinen eine ganze Mahlzeit, jedenfalls in bezug auf den Nährwert, den er enthält.

Es wäre ganz falsch, sich unter dem berühmten *Plumpudding,* wie es die Übersetzung nahelegt, einfach einen 'Pflaumenpudding' vorzustellen. Vielmehr besteht eine solche Komposition aus Mehl, Nierenfett Zucker, Rum und eben auch aus getrockneten Früchten, aber diese sind eigentlich mehr Beiwerk. Sie sollen dem Ganzen Geschmack verleihen und dienen darüber hinaus als dekoratives Element.

Ein anderer sehr berühmter und bekannter Pudding ist der Yorkshire-Pudding. Er besteht aus Eierkuchenteig, der im heißen Ofen in Fett gebacken wird.

Neben den süßen Puddings gibt es auch Fisch-, Fleisch- und Gemüsepuddings. Man sieht: Ein 'Pudding' ist eigentlich alles, was als Ganzes in einer Schüssel gekocht und anschließend gestürzt werden kann.

Marmelade

Wenn Weihnachten vorbei ist und der Frühling noch lange auf sich warten läßt, wenn an einem grauen, kalten Januartag der Wind ums Haus pfeift, wenn es pausenlos regnet oder ununterbrochen schneit, wenn sich das unfreundliche Wetter aufs Gemüt legt, dann gibt es nur eins: Kochen Sie Marmelade ein!

Die Gerüche, die dabei entstehen, sind das Beste am ganzen Winter: siedender Zucker, ausspritzender, intensiv duftender Saft, während man die Früchte schält und die Hände dabei immer mehr Farbe und Aroma der Orangen annehmen. Außerdem bringen die Farben der vielen aufgetürmten Orangen, Zitronen und Pampelmusen den Sonnenschein fremder, heißer Länder ins Haus.

Es gibt unendlich viele Marmeladenrezepte: mit Ingwer und mit Pampelmusen; versetzt mit Weinbrand oder Whisky; mit Honig gesüßt oder als Gelee; sehr hell oder sehr dunkel, sehr dünn oder sehr dick eingekocht.

Es gibt Dreifruchtmarmelade: Marmelade aus Birnen, aus Äpfeln und Apfelwein, aus Mandarinen, Limonen, Aprikosen oder Ananas.

Die einzig „echte“ Marmelade enthält jedoch nichts anderes als Sevilla-Orangen in dicken Stücken, Zucker und Wasser. Sie ist köstlich aromatisch und besitzt die Farbe alten Sherrys. Und sie ist ein oder zwei Jahre haltbar, wenn nicht noch länger.

Allein das Wort „Marmelade“ ist rund und voll und zergeht einem förmlich auf der Zunge.

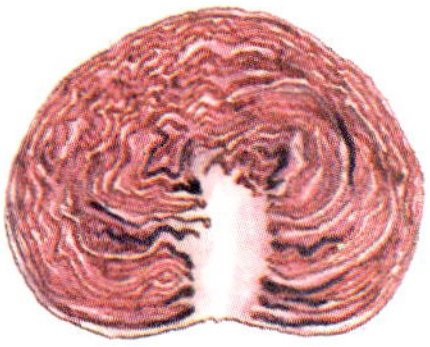
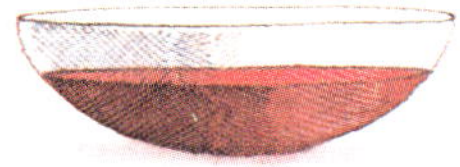

Winterfreuden

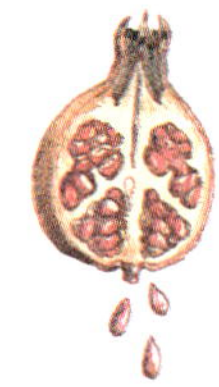

Wenn man in der Küche hantiert, sollte man sich angewöhnen, die vielen Eindrücke, die man dabei gewinnt, mit allen fünf Sinnen intensiv in sich aufzunehmen. Hier sind zehn solcher nachhaltiger kleiner Erlebnisse, die von dem eigenen Reiz erzählen, den die Küche im Winter ausstrahlt: Das Blubbern von Suppen und Fleischbrühen und das leise Vibrieren des Suppentopfdeckels.

Eine Obstschale mit Zitrusfrüchten, mit Jaffa-, Navel- und Blutorangen, Mandarinen und Clementinen, prallen Pampelmusen und Zitronen – alle mit wächsern glänzenden Schalen.

Frisch gezogenes Wurzelgemüse, an dem noch Erde haftet, die auf den Tisch herabkrümelt: weiße Rübchen, Pastinak, Karotten und Sellerie.

Ein mitten durchgeschnittener Rotkohl, dessen grafisch ansprechendes Muster sich aus purpurnen, blauroten und weißlichen Linien zusammensetzt.

Ein aufgeschnittener Granatapfel, der eine strenge Symmetrie offenbart und eine wahre Augenweide darstellt.

Ein Fasanenpaar, in der kühlen Speisekammer aufgehängt, dessen Gefieder weich und wundersam schillert.

Eine Schüssel mit tiefrotem Blut von einem Hasen oder einer Wildbretkeule.

Das Gefühl, das sich beim Rühren des schweren, widerstrebenden Teigs für den Weihnachtspudding von der Hand bis in den Arm überträgt.

Das Singen des Kessels, in dem Wasser für heiße Getränke an bitterkalten Tagen kocht.

Der trockene Geruch aus dem Schuppen, in dem Zwiebeln an Schnüren und Kartoffeln in Säcken lagern, dazu noch der Duft der Äpfel, die unter der Dachtraufe gespeichert sind.

Frühling

Frühjahrsputz

Am ersten Frühlingstag, ganz gleich, ob er nun in den März, April oder Mai fallen mag, ist der Himmel freigefegt von Wolken und Regen und winterlicher Dunkelheit. Die Morgensonne scheint durch das Küchenfenster und bringt schon ein wenig Wärme mit. Es wird Zeit, in aller Frühe mit dem Frühjahrsputz zu beginnen.

Zunächst werden die Vorratsschränke ausgeräumt und ausgewischt. Alle Überbleibsel wie verschütteter Reis, Zucker, Korinthen und tote Ameisen müssen verschwinden. Den klebrigen Rändern von Gelee- und Marmeladengläsern rückt man mit einem feuchten Lappen zu Leibe. Halbleere Packungen, halbvolle Gläser ohne Deckel und Flaschen ohne Etikett wandern in den Mülleimer. Das schmutzige Schrankpapier wird entfernt und die Ecken von Spinnweben gesäubert.

Bald riecht alles nach heißer Seifenlauge, die Einlegeböden beginnen langsam in der Sonne zu trocknen, während ein Frühlingslüftchen durch die offene Tür hereinweht.

Wenn Sie dann immer noch Lust und Zeit haben, tünchen Sie anschließend die Wände mit einem breiten, flachen Pinsel – schwipp-schwapp-schwupp –.

Nach getaner Arbeit setzen Sie sich am besten draußen auf die Treppe, blinzeln in die ersten Frühlingssonnenstrahlen und denken sich: „Zum Kuckuck mit der Tüncherei!“

Ostern

Das Wetter zu Ostern kann man kaum voraussagen, weil dieser Feiertag mal in den März und mal in den April fällt. Ganz gleich, ob nun Frühlingsstürme heulen, ob der Wind dicke Wolken vor sich hertreibt oder ob ein lindes Lüftchen weht und die Sonne zaghaft scheint; ob die Bäume immer noch kahl sind oder schon ein bißchen frisches Grün zeigen, es gibt stets besondere Ostergerichte, die immer wieder gern gegessen werden.

Der Karfreitag wird heute kaum noch als Fastentag begangen, doch für viele bleibt er ein Tag stiller Einkehr und Selbstbesinnung. Ein einfaches Essen, bestehend aus frischem Fleisch, ist da genau das Richtige.

In Skandinavien gehört eine besondere Spezialität zum Karfreitagsessen:

Janssens Versuchung

3 große Zwiebeln
1 kg weichkochende Kartoffeln
2 Dosen Anschovis oder Sardellenfilets
200 g Schlagsahne oder Creme fraîche
75–100 g Butter

Zwiebeln schälen und in dünne Scheiben schneiden. Die Kartoffeln in streichholzlange Streifen schneiden.

Eine flache Auflaufform einfetten. Auf einer Schicht Kartoffelstreifen ein Gitter aus Sardellenfilets bilden, das wiederum mit Zwiebelscheiben bedeckt wird.

Die restlichen Kartoffelstreifen darauf verteilen. Die Hälfte der Sahne sowie die Flüssigkeit aus der Sardellendose übergießen. Mit Butterflöckchen belegen und mit Pfeffer würzen.

Bei sehr großer Hitze etwa eine Stunde lang backen, bis die Kartoffeln leicht braun sind. Die übrige Sahne darübergießen und weitere 30 Minuten backen lassen.

Für den Kindernachmittag am Ostersamstag gibt es ein Rezept, das nie seine Wirkung verfehlt und das zur Familientradition werden könnte:

„Spiegeleier"

Man backt einen flachen, runden Sandkuchen oder nimmt einen fertigen Tortenboden, den man nach dem Abkühlen auf einen hübschen, großen Teller legt, so daß rundherum viel Platz bleibt.

Darauf legt man Aprikosenhälften (aus der Dose oder frisch gedünstet) mit der Wölbung nach oben und so weit voneinander entfernt, daß man um jede Hälfte vorsichtig einen Rand aus Schlagsahne spritzen kann. Die Zwischenräume werden mit einem Guß ausgefüllt, den man aus dem etwas verdünnten Aprikosensaft und Gelatine oder Stärkemehl bereitet.

Ostermontagsschmaus

Hauchdünne Eierkuchen entweder mit Puderzukker und Zitronensaft besprenkeln oder mit Honig, Melasse oder Ahornsirup beträufeln. Man kann sie auch mit einer Mischung aus Apfelmus, kandierten Ingwerstückchen und gehackten Rosinen füllen und aufrollen. Als Füllung eignet sich auch ein Püree, das man aus tiefgekühlten Himbeeren oder Erdbeeren in wenigen Minuten selbst zubereiten kann.

Oster-Biskuits

250 g Mehl
1 Prise Salz
½ Teelöffel Zimt
125 g Butter
100 g Puderzucker
100 g Korinthen
1 geschlagenes Ei
etwas Milch
30 g kandierte Orangenschale, kleingehackt

Mehl, Salz und Zimt mischen. Butter, Zucker, Korinthen und Orangenschale unterkneten. Mit dem Ei zu einem festen Teig formen, falls nötig etwas Milch hinzugeben. Den Teig mindestens eine Stunde kühlstellen.

Dünn ausrollen und Plätzchen ausstechen. Auf einem Blech bei 200 Grad backen, bis sie leicht gebräunt sind (etwa 25 Minuten). Auf einem Tablett abkühlen lassen, mit Milch bepinseln und mit Zucker bestreuen.

Aberglaube

Brot, das an einem Karfreitag gebacken wird, soll sich sieben Jahre halten, und wenn einer der Laibe in der Scheune aufgehängt wird, soll er Ratten und Mäuse fernhalten.

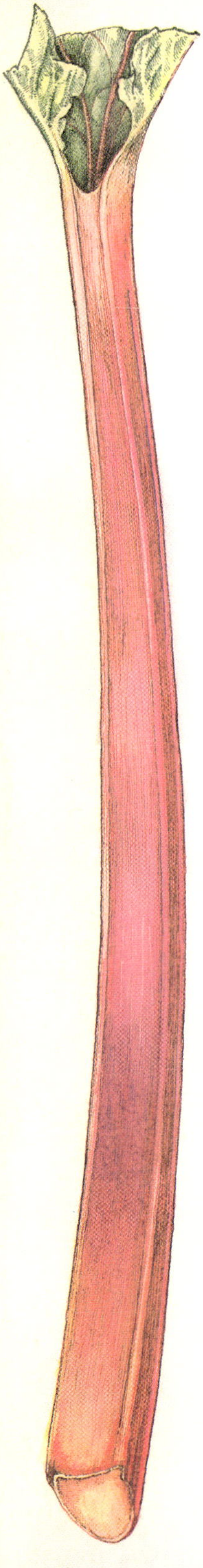

Rhabarber

Bereits im Februar sind die dicken, rosaroten Stangen des Treibhaus-Rhabarbers in den Geschäften zu haben, und bald danach treiben sie auch im Garten aus. Rhabarber läßt sich von allen Gartenfrüchten am leichtesten selbst ziehen. Er stellt nur geringe Ansprüche an den Boden, aber eine gelegentliche Düngung ist dennoch empfehlenswert. Seine großen, ausladenden Blätter sind hübsch anzusehen, aber sehr giftig. Wenn man die Stengel mit den Blütenständen bis zur Samenreife auswachsen läßt, bilden sie farnartige Rispen von bizarrer Schönheit.

Läßt man die Stangen zu dick werden, verlieren sie schnell ihren Wohlgeschmack. Sie sollten möglichst jung und zart geschnitten werden. Nur kurz gedämpft, zerfallen sie nicht zu Mus, sondern behalten ihre äußere Form.

Rhabarber verträgt sich vorzüglich mit Orangen. Die Stücke werden mit braunem Zucker bestreut und mit frisch gepreßtem Orangensaft übergossen. Man kann sie statt dessen auch in Ingwersirup tauchen und über Nacht ziehen lassen. Aus Rhabarber sollte man keine Marmelade kochen, denn sie ist durchweg halb flüssig und unschön in der Farbe. Die herkömmliche Rhabarbergrütze mit Vanillesoße ist auch nicht mehr ganz neu. Eine reizvolle Variante bietet dagegen die Zubereitung auf folgende Weise:

Rhabarberschaum

Junger Rhabarber wird in breite Stücke geschnitten, die man kurz dämpft. Den Saft einer Orange, 50 g Vanillezucker und 25 g zerlassene Butter unter die noch warme Fruchtmasse rühren. 15 Minuten stehen lassen.

In einer Kasserolle eine Creme aus einer Tasse Schlagsahne und drei Eidottern bereiten und während des Eindickens rühren. Kühl stellen.

Rhabarber mit der Creme mischen und in Kompottschalen füllen. Schlagsahne nach Wunsch obendrauf geben. Mit kandiertem Ingwer und Streifen aus Orangenschale verzieren und mit Löffelbiskuits servieren.

Spargel

„Man lasse seine angenehme und frische Zartheit nicht verlorengehen; das verhindert man, indem man die Stangen in das kochende Wasser gibt. Ich halte die großen und dicken Holländer Sorten für weniger süß und angenehm als jene von mittlerer Stärke."

John Evelyn

„Alles Gemüse schlechthin hat für mich seinen Reiz verloren. Ich schätze einzig den Spargel, der vornehme Gedanken einzuflößen vermag."

Charles Lamb

Spargel schmeckt am besten gekocht oder gedämpft, mit zerlassener Butter oder holländischer Soße serviert. Ganz dünne Abschnitte kann man in ein Omelett einrollen oder auch mit Rührei verschlagen.

Aus Spargel aufwendige Soufflés oder Suppen zu bereiten, ihn in schwammiges Brot zu füllen oder in Aspik erstarren zu lassen, hieße ihn verschwenden.

Vanille-Zucker

Ein Einmachglas mit Puderzucker füllen und eine aufgeschnittene frische Vanilleschote hineinlegen. Luftdicht verschließen. Wenigstens eine Woche lang stehen lassen. Ergibt ein herrliches Vanillearoma, das sich geschmacklich von den fertig zu kaufenden, meist bitteren Vanilleessenzen unterscheidet wie Tag und Nacht.

Eier

Zum Frühling gehören Eier, und zwar möglichst frische von frei laufenden Hühnern. Braun, weiß und gesprenkelt, glatt und formvollendet liegen sie hoch aufgetürmt in der Schüssel.

Eier, aus denen schaumig-leichtes Rührei entsteht oder Spiegelei, das an Margeriten erinnert. Die Dotter sind gelb wie Butterblumen auf einer Frühlingswiese.

Hartgekochte Eier, die mit Gesichtern und Ornamenten bemalt sind. Eier, die mit Gemüsesäften in allen Schattierungen des Regenbogens eingefärbt oder betupft sind.

Sandwiches mit Ei

Hartgekochte, noch warme Eier mit Butter oder etwas Sahne, Salz und Pfeffer, gehacktem Estragon oder Kerbel zu einem Brei verarbeiten. Leicht abkühlen lassen. Auf Vollkornbrotscheiben ohne Rinde streichen und nach Geschmack mit Brunnenkresse bestreuen.

Eier und Kräuter

Estragon ist eines der würzigsten und vielseitigsten Küchenkräuter, das ausgezeichnet zu Eiern und Hühnerfleisch paßt. Obwohl Estragon sehr empfindlich wirkt, übersteht er an geschützter Stelle kalte Winter draußen im Garten besser als einige der kräftiger anmutenden Kräuter wie beispielsweise Rosmarin.

Eier nach Florentiner Art

Pochierte oder weichgekochte Eier, auf einer Unterlage aus gekochtem Spinat und mit einer leckeren Käsesoße übergossen. Wenn Sie Lust haben, ein bißchen herumzuexperimentieren, dann sammeln Sie Sauerampferblätter oder die Spitzen von jungen

Brennesseltrieben und bereiten daraus ein Püree, das Sie an Stelle des Spinats verwenden.

Eier dürfen unter keinen Umständen eingefroren, ja, nicht einmal in den Kühlschrank gelegt werden. Man kann sie jedoch sehr gut haltbar machen, indem man jedes frische Ei so lange mit zerlassener Butter oder Bratenfett zwischen den Händen reibt, bis die Schale rundum eingefettet ist. Sie werden in offenen Dosen aufbewahrt, die mit Pergamentpapier abgedeckt und zugebunden werden.

Eier mit Estragon oder Kerbel

Schlagsahne mit viel gehacktem Estragon oder Kerbel dünsten und zugedeckt eine halbe Stunde stehen lassen.

Pro Person ein Ei in eine gefettete, feuerfeste Kasserolle schlagen. Diese in einen Bratentopf stellen, der zur Hälfte mit heißem Wasser gefüllt wird.

Bei mäßiger Hitze überbacken, bis die Eier gestockt sind. Über jedes Ei Kräuterrahm geben und für weitere vier Minuten in die Bratröhre schieben. Die restlichen Kräuter über das Gericht streuen und heiß servieren.

Holunderblüten

Wenn der Frühling Ende Mai in den Sommer übergeht, leuchten in Alleen und an Hecken die großen, cremefarbenen Blütendolden des Holunders.

Sie verströmen einen intensiven, betörenden Duft, der ein wenig an Muskatellertrauben erinnert.

Aus den Blütendolden läßt sich ein vorzügliches Gesichtswasser herstellen. Dazu tauche man etliche Dolden in kochendes Wasser, lasse sie darin abkühlen und anschließend abtropfen.

Sie eignen sich auch hervorragend für Süßspeisen, Gelees und Getränke.

Holunderblüten werden vorsichtig gewaschen, mit Küchenpapier getrocknet, ohne Stiel in Eierkuchenteig getaucht und dann auf beiden Seiten in Fett gebakken. Für ein Stachelbeer-Holunder-Gelee werden die Dolden in einen Baumwollbeutel gebunden, den man über die kochende Geleemasse hängt. Vor dem Abfüllen herausnehmen. Beide Aromen harmonieren ausgezeichnet.

Holunderblüten ergeben auch einen leichten, lieblichen Wein oder Sekt. Als Erfrischungsgetränk versuche man auch einmal Holunderblütenlikör, mit frischem Wasser verdünnt:

Holunderblüten-Tonic

25 Holunderblütendolden
1 kg Zucker
2 in Scheiben geschnittene, geriebene, ausgepreßte Zitronen
40 g Zitronensäure
1 ½ l abgekochtes Wasser

Die Stiele von den Dolden entfernen und die Blüten in eine große Schüssel geben. Zucker, Zitronenscheiben und -säure hinzufügen. Mit Wasser aufgießen und zwei Tage bei gelegentlichem Umrühren stehen lassen.

Durch ein Tuch gießen und auf Flaschen füllen. Im Kühlschrank aufbewahren und vor Gebrauch nach Belieben verdünnen.

Holunderblüten-Eis

200 g Zucker
¾ l Wasser
1 Eiweiß
Saft von 2 und Schale von 3 Zitronen
6 Holunderblütendolden

Alle Zutaten mit Ausnahme von Eiweiß und Zitronensaft gut vermischen. Auf niedriger Kochstufe rühren, bis sich der Zucker aufgelöst hat. Dann 10 Minuten kochen.

Abkühlen lassen. Zitronensaft dazugeben. Vorsichtig durch ein Tuch pressen. Rund eine Stunde tiefgefrieren. Das Halbgefrorene rühren, Eiweiß steif schlagen und unterziehen.

Für eine weitere Stunde ins Tiefkühlfach geben. Nochmals durchrühren und bis zur Verwendung im Tiefkühlgerät lassen. Vor dem Servieren leicht antauen.

Ein Frühlings-Menü

Frischer Spargel mit Butter

Pochierter frischer Lachs

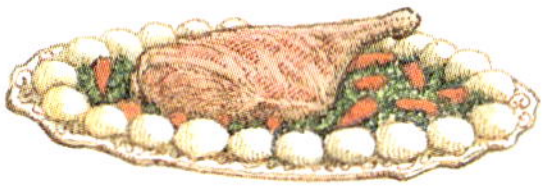

Gebratene Lammkeule mit Rosmarin
Neue Kartoffeln
Junge Karotten und Spinat

Ein grüner Salat – gemischt aus Kopfsalat, jungen rohen Spinatblättern, Löwenzahn, Sauerampfer- und Brennesselblättern sowie Brunnenkresse

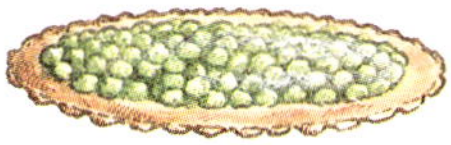

Stachelbeertorte

Holunderblüten-Sorbet
Pfefferminz-Sorbet

Sommer

Im Sommer hält man sich ungern länger als unbedingt notwendig in der Küche auf. Meistens wird sie nur benutzt, um schnell irgendetwas zuzubereiten, das dann eingepackt und mitgenommen oder draußen im Garten gegessen wird.

Die Speisekammer, der Vorratsraum und die Milchkammer mit ihren Steinfußböden sind abgedunkelt und wohltuend kühl. Krüge, Schüsseln und Teller sind mit Musselintüchern abgedeckt. Aus Baumwoll-

beuteln tropft die Molke – pitsch, pitsch, pitsch – unablässig herab und übrig bleibt sahniger Quark. Tag und Nacht summt und vibriert der Kühlschrank – ein großes, weißes Tier mit Eigenleben. Nur der Herd steht kalt und unbenutzt.

Ein Blumentopf mit Basilikum, eine herb duftende Geranie auf dem Fensterbrett und ein von der Decke herunterhängender Strauß Pfefferminze verscheuchen die lästigen Sommerfliegen.

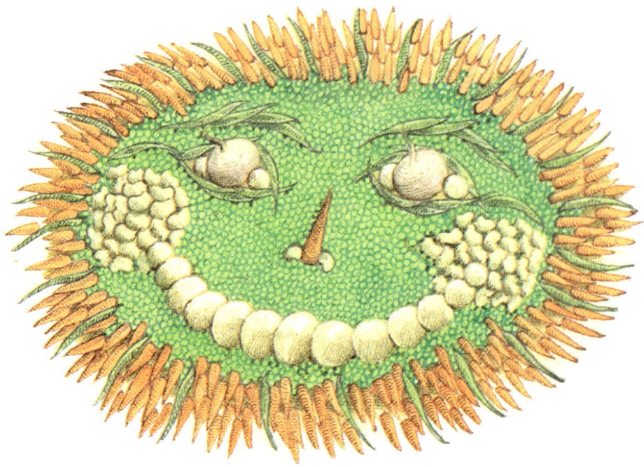

Gemüse

An den Marktständen türmen sich jetzt all die frischen Gemüse der Saison, aber das beste, zarteste und saftigste Gemüse wächst im eigenen Garten. Es muß ganz jung geerntet werden und sofort in den Kochtopf wandern.

Ein Gemüsegericht für sich allein ist schon köstlich: kleine Saubohnen, winzige Erbsen, schmale französische Prinzeßbohnen, blaßgelbe Karotten, saftige weiße Rüben, nicht größer als Golfbälle, spannenlange Zucchini und neue Kartoffeln, die oft nicht größer sind als Glasmurmeln. Sie alle können zusammen gekocht und mit einem Stück Butter angerichtet werden.

Jeder Bissen schmeckt herrlich nach Erde und Sommer, und keine Zutat verliert etwas von ihrem Eigengeschmack.

Im Hochsommer gibt es dann alles in Hülle und Fülle; was immer man angebaut hat, gedeiht im Überfluß.

Gehen Sie zum Beispiel einmal ins Treibhaus. Dort umfängt Sie an heißen Tagen ein angenehm schattiges Halbdunkel. Freuen Sie sich an den üppig gedeihenden Tomaten. Schließen Sie die Augen und atmen Sie bewußt und tief die markant-würzige, seltsam warme Luft, die einem manchmal richtig zu Kopf steigen kann.

Sommerzeit – Suppenzeit

Suppen bereitet man jetzt am besten in größeren Mengen zu und friert sie portionsweise ein, bis sie benötigt werden. Vergessen Sie nicht, reichlich gehackte Kräuter wie Schnittlauch, Petersilie und Minze darüber zu streuen.

Sommersuppen sind grün. Man bereitet sie mit püriertem Kopfsalat, Brunnenkresse, Spinat oder Gurken zu. Sie werden mit Mehl oder Kartoffeln angedickt, mit Hühnerbrühe abgeschmeckt oder mit Sahne angereichert.

Mittsommernacht

In dieser verzauberten Nacht sind Hexen, Kobolde und alle möglichen Geister unterwegs. Hat man Fenchel oder Ebereschenzweige im Haus, ist man vor ihnen geschützt, sagt der Volksglaube.

Picknicks

Es gibt Gerichte, die schmecken einfach am besten, wenn man an einem heißen Sommertag am Strand liegt und wenn den Fingern nicht nur Sandkörnchen, sondern auch noch der salzige Geschmack des Meerwassers anhaftet.

Lange Wanderungen über Berg und Tal machen hungrig. Da braucht man herzhafte Sachen, die man, gut eingepackt, im Rucksack mitnehmen und über die man sich, zum Beispiel nach einem langen Aufstieg, mit Heißhunger hermachen kann.

Deftige Happen sollten es sein: Schottische Eier in würzigem Wurstmantel, mit gerösteten, dunklen Brotkrumen bestreut. Oder kalte Aufläufe und Fleischpasteten in dicken Scheiben.

Wurst- und Apfeltaschen

Rechteckige Teigstücke aus Vollkornmehl werden mit einer Mischung aus Hackfleisch, gehackten Zwiebeln und Äpfeln gefüllt, gewürzt, zusammengefaltet und mit Milch überpinselt. 45 Minuten im heißen Ofen backen.

Besonders gut geeignet für ein Picknick im Grünen sind alle Arten von Pasteten. Die Füllung kann je nach Geschmack pikant oder süß sein, beispielsweise Käse, Zwiebeln, Schinken, Räucherfisch oder Tomaten.

Zum Mitnehmen eignen sich auch kalte, mit Schinken und Ei gefüllte Pasteten mit glasierter Kruste, Schweinefleischpastetchen, aus denen der Saft heraustropft, Würstchen im Blätterteigmantel mit Käsegeschmack, kleine Käse- und Anschovistörtchen oder dünn ausgebackener Pastetenteig, mit Zucchini oder Spinat vermengt.

Machen Sie mal an warmen Tagen mit strahlend blauem Himmel und einer leichten Brise eine Bootsfahrt. Lassen Sie sich langsam flußabwärts treiben und die Hände dabei durchs Wasser gleiten. Vielleicht machen Sie irgendwo am Ufer unter den schattigen Zweigen einer Weide Rast. Auf dem Gras wird eine karierte Decke ausgebreitet und der Inhalt des Weidenkorbes darauf ausgepackt. Ein solches Picknick machten auch Ratte und Maulwurf. Wer's nicht glauben will, schlage in dem Buch „Der Wind in den Weiden" von Kenneth Grahame nach.

Es gibt aber auch eine vornehmere Art des Essens im Freien: den Nachmittagstee mit fein gedecktem Tisch auf dem Rasen mit feinem, elegant gemustertem Porzellan und einem dazu passenden ausgefallenen Menü. Serviert werden:

Hauchdünne Gurkensandwiches auf Weißbrot ohne Rinde.

Cremige Eier- und Kressesandwiches aus dunklem Brot.

Winzige Erdbeertörtchen mit einer Haube aus steif geschlagener Schlagsahne oder Quarkcreme.

Coeur á la Créme

250 g Quark
2 Eier, Dotter und Eiweiß trennen
60 g Puderzucker
6 Blatt Gelatine
200 g Schlagsahne
6 Eßlöffel heißes Wasser

Den Quark glattrühren, mit Eigelb und Zucker vermischen. Gelatine in Wasser auflösen und abkühlen lassen. Sahne schlagen und behutsam unterziehen und beides in die Käsemasse einrühren.

Das Eiweiß steif schlagen und ebenfalls unterziehen. Eine Porzellanschale (oder mehrere) mit angefeuchtetem Musselin oder Baumwollstoff auslegen. Die Käsemasse einfüllen, die Stoffenden darüber zusammenschlagen. Zum Steifwerden in den Kühlschrank stellen und dann stürzen.

★ ★ ★ ★

Wenn es an Hochsommerabenden ganz windstill ist, setzt man sich zur Grillparty zusammen. Sauber geschnittenes, mit Öl und Weinessig bestrichenes und gewürztes Steakfleisch wird sehr heiß und kurz gegrillt. Mit frischen Kräutern und Gewürzen nicht sparen. Dazu gibt es einen gemischten Salat in Vinaigrette und Knoblauch- oder Kräuterbrot.

Salate

Ein gutes *French Dressing* läßt sich vielfältig verwenden. Am besten gelingt es, wenn man es aus drei Teilen kalt gepreßtem Oliven- oder Walnußöl, je einem Teil Zitronensaft und Weinessig, einer Prise Senfpulver, Salz, schwarzem Pfeffer und einem halben Teelöffel Puderzucker zubereitet.

Gemischte grüne Salate

Kopfsalat der Sorten Cos, Webbs Wonderful, Buttercrunch. Nur die zarten Blätter verwenden!

Krause Endivienblätter, junge Spinatblätter, Brunnenkresse, geraspelter Sellerie, gewürfelter, säuerlicher Apfel. Liebstöckl, Estragon und gehackte Minze.

Gehackte Schalotten, zerdrückte Knoblauchzehen und Walnüsse.

Gurkensalat

Hauchdünne Gurkenscheiben werden auf einem flachen Teller angerichtet und mit Fenchelgrün bestreut. Dressing darübergeben.

Tomaten

In Scheiben schneiden, mit frischen, gehackten Basilikumblättern bestreuen und anmachen.

Zu allen Salaten reicht man verschiedene Brotsorten, kleine Weiß- und Roggenbrötchen sowie einen mit Mohn bestreuten Hefezopf.

Obst

Im Juni und Juli steht die Küche voller Schüsseln und Körbe mit Obst. Es gibt Unmengen von Erdbeeren, Himbeeren, Stachelbeeren, Kirschen, roten, weißen und schwarzen Johannisbeeren – alle vollreif und saftig.

Die Früchte können zu Marmeladen und Gelees, zu Aufläufen, Grütze oder Cremespeisen verarbeitet werden. Oder auch zu Soßen, Pürees und Likören. Man kann sie einfrieren, einmachen oder kandieren, um sie später im Jahr zu genießen.

Aber viel besser als im raffiniertesten Gericht schmecken Früchte, wenn man sie gleich frisch vom Baum oder Strauch ißt, ohne Hemmungen, in Riesenmengen, mit Zucker oder dick mit Schlagsahne übergossen.

Eine Zubereitungsart, bei der Geruch und Geschmack des Obstes absolut perfekt zur Geltung kommen, ist der safttriefende englische Sommerpudding:

Englischer Sommerpudding

Eine große Schale mit entrindeten Weißbrotscheiben ohne Zwischenräume auslegen.

500 g Himbeeren, 250 g rote und 125 g schwarze Johannisbeeren waschen und sorgfältig vorbereiten, mit 125 g Puderzucker langsam kochen, bis der Zucker sich aufgelöst hat und Saft austritt. Eine Tasse Saft abnehmen und die Früchte auf die Brotschicht geben. Mit einer weiteren Brotschicht abdecken, auf die ein Teller mit einem schweren Gewicht gelegt wird. Über Nacht kühl stellen. Vorsichtig stürzen. Mit dem restlichen Saft übergießen und servieren.

An den Hundstagen hechelt das Vieh an schattigen Plätzen, die Kinder werden quengelig und Insekten schwirren umher.

Alle sind gereizter als sonst, bis es sich gegen Abend endlich abkühlt. Niemand hat Appetit, außer auf Obst und Eis. Kalte Getränke in hohen, schlanken Gläsern, in denen Eiswürfel klingeln, mit Früchten garniert und mit einem Strohhalm serviert, lösen dagegen Begeisterungsstürme aus.

Geeister Zitronentee.

Eiskaffee.

Milch-Mix-Getränke.

Selbstgemachtes Ingwerbier, Limonade, Holundersaft oder Saft aus roten oder schwarzen Johannisbeeren, versetzt mit Soda oder sprudelndem Mineralwasser.

Schwarzer oder roter Johannisbeersaft

1 kg Früchte mit Stielen in einen Topf mit 1 l Wasser geben. Unter langsamem Kochen Saft ziehen lassen. Durch einen Saftbeutel gießen. Auf je ½ l Saft 200 g Zucker geben. Erhitzen, bis der Zucker völlig aufgelöst ist. Nach dem Erkalten auf Flaschen ziehen.

Sorbets und Eiskompositionen sehen besonders hübsch aus, wenn man sie in hohen, schlanken Gläsern, Cocktail-Schalen oder kleinen Bechern aus feinem weißem Porzellan serviert. Als Dekorationselemente eignen sich farbenfrohe, gewürfelte Früchte oder Blumen, z.B. Rosenblütenblätter oder Veilchen, die man am Eis leicht anfrieren läßt.

Eis erfrischt und neutralisiert den Geschmack zwischen pikanten und süßen Speisen und bildet einen reizvollen Akzent am Schluß einer Mahlzeit. An heißen Nachmittagen kann man sich sogar nur mit Eis begnügen.

Zur Zubereitung von Eis benötigt man keine aufwendigen Hilfsmittel, ein normaler Kühlschrank mit Tiefkühlfach, ein paar Plastikbecher oder eine mit Alufolie ausgelegte Schale, eine Gabel und ein Schneebesen genügen vollauf.

Fruchteis kann man aus allen frischen Beerensäften oder Früchtepüree, aus Zitronen, Pampelmusen, Melonen, Mango oder Minze herstellen.

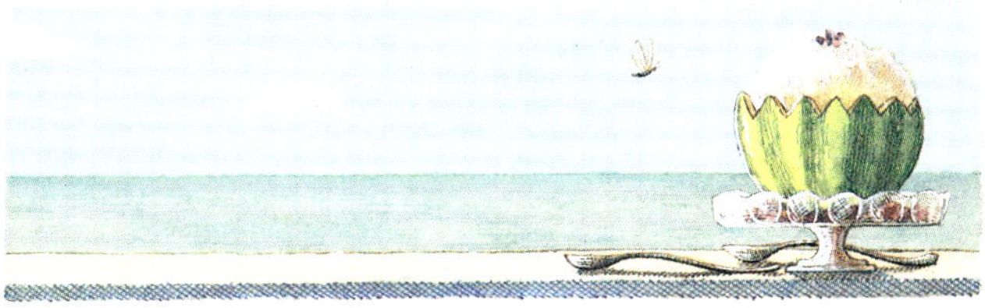

Himbeer- oder Erdbeereiscreme

500 g Früchte pürieren. 250 g Puderzucker unterrühren, bis er sich ganz aufgelöst hat. 200 g Schlagsahne fest, aber nicht steif schlagen. Das Püree dazugeben. In Eisschalen oder Tiefkühlbehälter füllen und bis zum Festwerden einfrieren.

Wer kein Eis mag, kann sich an saftiges Ingwerbrot halten, das ebenso wie das Früchtebrot zu den englischen Untertreibungen gehört und in Wirklichkeit ein Kuchen ist.

Ingwerbrot

100 g Butter
100 g Zucker
1 Ei
250 g Honig
250 g Mehl, vermischt mit 1 ½ Teelöffeln Backpulver
je 1 Teelöffel gemahlener Zimt und Ingwer
½ Teelöffel Nelkenpfeffer (Piment)
1 Prise Salz
⅛ l heißes Wasser

Butter in einer Schüssel schaumig rühren. Zuerst Ei und Zucker, dann die übrigen Zutaten gut unterrühren. In eine gefettete Kastenform füllen und bei 180 Grad im Elektroherd etwa 60 Minuten backen.

Herbst

Zur Herbstzeit ist die Küche ganz auf Vorratshaltung eingestellt. Vorräte werden gesammelt und auf Speisekammer und Küchenschrank, auf Boden, Keller und Gefriergerät verteilt.

Morgens steigt der Nebel auf und wogt zwischen den Bäumen. Im feuchten Gras liegt von verspäteten Wespen angefressenes Fallobst. Um die Mittagszeit steht die Sonne hoch am Himmel und spendet noch

DOG BREEDS
45

etwas Wärme. Das Laub beginnt sich zu verfärben. Hoch oben an den Kletterstangen verdorren die letzten Blüten der Feuerbohne. Die Äste biegen sich unter der Last des Obstes, das schon überreif ist und kurz vor dem Abfallen: Zwetschgen und Damaszenerpflaumen, Äpfel und Birnen, Vogelbeeren, Holunderbeeren und dunkle, saftige Brombeeren.

* * * *

Gelees und Chutneys

In der Küche steht schon das Kupfergeschirr, und die hölzernen Rührlöffel, die noch rot sind vom Saft des vergangenen Jahres, liegen bereit. Es ist Einmachzeit; die Tage sind ausgefüllt mit der Zubereitung von Marmeladen und Gelees, Chutneys und Essiggemüse. Die Küche ist voll heißer Dämpfe und riecht nach verbranntem Zucker, Früchten und würzigem Essig.

Obstgelee aus beliebigen Früchten

Früchte in Wasser (im Verhältnis 2:1) kochen, bis sie genügend Saft gezogen haben. Über Nacht durch einen Beutel abtropfen lassen.

Zucker im gleichen Maße zur Saftmenge berechnen. Bei milder Hitze schmelzen lassen, dann zum Kochen bringen und weiter köcheln lassen, bis der Gelierpunkt erreicht ist. (Gelierprobe: Ein Tupfen vom Gelee, auf einen Teller gegeben, muß beim Abkühlen eindicken.) Gelee erkalten lassen, in Gläser füllen, etikettieren.

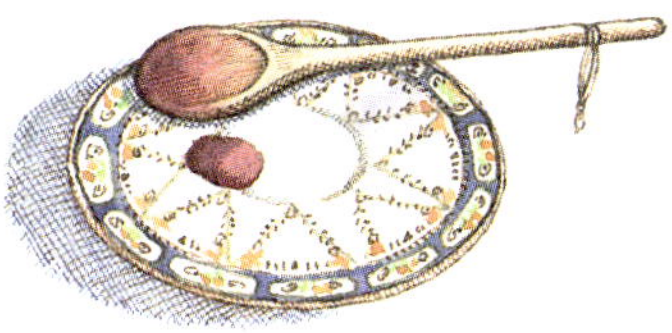

Zum Geleekochen eignen sich:
Brombeeren
Wildäpfel (Holzäpfel)
Quitten
Zwetschgen

Allein verwenden, aber auch gut mit Äpfeln kombinieren kann man:
Holunderbeeren
Vogelbeeren (Ebereschenbeeren)
Preiselbeeren
Mispeln

Herb-säuerliche Gelees passen vorzüglich zu kaltem Fleisch, besonders aber zu Wild.

Apfelgelee läßt sich geschmacklich verfeinern, indem man einen Strauß frischer Kräuter wie Basilikum, Estragon, Minze, Thymian oder Majoran in den Saft legt, während er kocht. Bevor das Gelee in Gläser abgefüllt wird, nimmt man die Kräuter heraus.

Chutney nach Art von Johns Großmutter

Dieses Originalrezept erforderte einst 30 Chilischoten, doch vermutlich waren sie getrocknet und damit weniger scharf. Selbst wenn man nur ein Dutzend frischer Chilis nimmt, wird das Chutney immer noch so scharf, daß man nach Luft schnappen muß.

1 kg Zwiebeln
1 kg Kochäpfel
1 kg Tomaten
1 Blumenkohl
1 kleiner Kürbis
1 Gurke
1 kg brauner Zucker
2 Eßlöffel scharfer Senf
12 Gewürznelken
12 Chilischoten
½ Teelöffel schwarzer Pfeffer
½ Teelöffel Kurkumapulver
2 Eßlöffel Speisestärke
2 ½ l Malzessig

Gemüse in Stücke schneiden, über Nacht zugedeckt stehen lassen. Gemüse, Essig, Zucker und Gewürze mit Ausnahme von Kurkuma vermengen. 30 Minuten kochen.

Senf, Speisestärke und Kurkuma mit etwas kaltem Essig zu einem Brei mischen und zu der Chutney-Masse geben. Weitere 30 Minuten kochen.

Abkühlen lassen und in Gläser füllen.

Damson Cheese

Diese Nachspeise aus der Küche alter Schule wird zwar gern scheibenweise zu Stilton- oder Cheddar-Käse gereicht, hat aber sonst nichts mit Käse zu tun, sondern ist eine süße Pastete aus Zwetschgen. Man genießt sie nach alter Tradition auch mit Schlagsahne oder Brot. Das passende Getränk dazu ist ein schöner alter Portwein.

Früchte waschen, in einen Topf geben und mit Wasser auffüllen, bis sie knapp bedeckt sind. Leicht kochen lassen, bis sie weich sind. Durch ein Sieb passieren. Das Fruchtmark mit Zucker im Verhältnis 1:1 mischen und erneut bei nicht zu starker Hitze etwa eine Stunde kochen lassen. In Einmachgläser abfüllen und mindestens sechs Monate stehen lassen.

„*Damson Cheese* pflegte man auch auf mehrere tiefe Teller zu verteilen und einige Tage im Vorratsschrank aufzubewahren. Dann wurde die Masse gestürzt und mit Zwischenlagen aus verschiedenen Gewürzen und Lorbeerblättern aufeinandergeschichtet. Der ganze Stapel wurde gegen Staub abgedeckt und so lange im Schrank aufbewahrt, bis er eine zuckerige Kruste bekommen hatte. Ein solcher *Damson Cheese* war etwa 30 Zentimeter hoch, ebenso breit und ziemlich fest."

Dorothy Hartley: *Food in England*

Die gefüllten Gläser stehen reihenweise im Vorratsschrank wie Juwelen in einer Schatzkammer.

Äpfel

„Oben im Haus lagern die Äpfel in endlosen Reihen…“ Auf dem Speicher oder in den Abseiten der Mansardenräume liegen sie, sorgfältig voneinander getrennt auf hölzernen Platten oder Obsthürden, und erfüllen die Luft mit ihrem Duft.

Die Namen der einzelnen Sorten sind fast schon Poesie:
Allington pippin
Ribston pippin
St Edmund's pippin
King of the Pippins
Blenheim Orange
James Grieve
Lady Sudeley
Lane's Prince Albert
Orleans Reinette

Evans: „… ich muß jetzt mit der Mahlzeit ein Ende machen; es kommen noch Äpfel und Käse!“
(Shakespeare: Die lustigen Weiber von Windsor)

★ ★ ★ ★

Von der Decke des Gartenschuppens hängen die Eierkürbisse in Netzen aus alten Nylonstrümpfen. Zwiebeln sind zum Trocknen auf Bastschnüre gezogen worden. Mohrrüben und Kartoffeln lagern in dunklen Säcken.

Quitten

„Des Magens Labsal, die wohltuende Quitte ...“
(Sir Thomas Browne)

Hat man nicht genügend Quitten, um daraus ein Gelee zu bereiten, sollte man sie zur Aromaverbesserung von Apfelgelee verwenden.

Vorzüglich schmecken sie auch in Zuckerlösung gedünstet. Erkalten lassen und in Scheiben geschnitten zu kaltem Fleisch servieren oder grob geraspelt unter Apfelkompott mischen.

Quitten werden geerntet, wenn die Schale goldgelb, aber bereits etwas runzlig ist. Sie müssen sorgfältig gereinigt werden. Wo immer man sie auch hinlegt, ihr lieblicher Duft durchzieht binnen kurzem das ganze Haus.

In diesen herbstlichen Tagen werden die ersten Weihnachtsvorbereitungen in der Küche getroffen. Es wird Zeit, an den Festtagskuchen zu denken und die eine oder andere Flasche Zwetschgen- und Schlehen-Gin anzusetzen.

Zwetschgen- und Schlehen-Gin

500 g Zwetschgen oder Schlehen, die mit einer Nadel über und über eingestochen werden – eine mühselige Arbeit. In eine große Flasche oder eine verschließbare Karaffe einfüllen. 2 Eßlöffel Mandelsplitter und 125 g Puderzucker dazugeben. Mit einem Liter Gin auffüllen. Verschließen und gut durchschütteln, damit der Zucker sich auflöst. Mindestens drei Monate kühl und lichtgeschützt aufbewahren. Einmal wöchentlich kräftig durchschütteln. Bei Bedarf durchseihen und umfüllen.

Es gibt nur wenige Dinge, die an einem kalten Winterabend die Geister so beleben wie ein Gläschen dieses aromatischen, rötlichen Getränks.

Ein November-Menü

Selleriesuppe

Gebratener Fasan

Apfelrotkraut

Pellkartoffeln

Vogelbeerengelee

Apfel- und Quittentorte mit Schlagsahne

Zwetschgensorbet

Verschiedene englische Käsesorten

Ein guter, vollmundiger Burgunder

Kürbisse

Den ganzen Sommer lang sind die Kürbisse zu märchenhafter Größe herangewachsen und gleichen jetzt orangefarbenen Herbstmonden. Im Oktober werden sie geerntet und voller Stolz zur Wiegezeremonie herangeschleppt. Dann beginnt der Spaß, sie auszuhöhlen und in groteske *Hallowe'en*-Laternen zu verwandeln.

Zusammen mit pürierten Spinatblättern und Tomaten eignet sich das Kürbisfleisch gut für eine Suppe. Man kann daraus auch nach dem traditionellen amerikanischen Rezept zum *Thanksgiving Day* einen Auflauf bereiten. Oder es wird, in große Stücke geschnitten, mit Butter großzügig beträufelt sowie mit Salz und schwarzem Pfeffer gewürzt, als Gemüse im Ofen gebacken. Die riesigen Eierkürbisse, die schon im September reif sind, können auf die gleiche Weise zubereitet werden.

Pilze

An nebligen, feuchten Septembervormittagen findet man Wiesenchampignons im taufeuchten Gras. Aufwendige Rezepte sind nicht nötig; man brät sie gleich nach dem Sammeln in Frühstücksspeck. Der betörende Duft aus der Pfanne lockt garantiert auch den letzten Faulpelz aus dem Bett.

Am reizvollsten und unverwechselbar im Aussehen sind die gewellten, trompetenförmigen Pfifferlinge, die die Farbe von Aprikosen haben und auch so intensiv duften. Die Lamellen unter ihrem Hut erinnern an die Rippengewölbe gotischer Kathedralen. Besonders raffiniert schmecken sie mit etwas Knoblauch in Butter gedünstet und mit einem Eßlöffel saurer Sahne auf heißem, mit Butter bestrichenem Toast serviert.

Brot

Brot wird das ganze Jahr über gebacken, doch zur Herbstzeit bekommt es eine besondere Bedeutung, wenn Weizengarben und ein Sack mit Getreidekörnern in die Kirche gebracht und zusammen mit einem frisch gebackenen, honigbraunen Brotlaib am Altar aufgebaut werden.

Ein Backtag erfüllt das Haus mit einem warmen Hefegeruch und das Tiefkühlgerät auf Wochen hinaus mit hohen, weißen und braunen Brotlaiben, die aus zwei oder drei Teigrollen geformt sind. Dazu kommen Brötchen aller Art, mit Nüssen oder Kümmel bestreut und mit Milch und Honig bepinselt.

Wer zum Tee hereinschaut, bekommt frische, warme Brotkanten mit Butter und selbstgemachter Mar-

melade. In Hunderten von Kirchensprengeln ächzen die Marktstände unter der Last der Angebote auf dem Herbstbasar.

Da gibt es Kuchen mit Zuckerguß, Früchtekuchen, Eierkuchen, Pfeffernüsse und kleine Tabletts mit Lekkereien, die alle säuberlich in Cellophan eingewickelt sind.

Süßigkeiten

In Dosen, die mit Tüchern ausgelegt sind, liegen selbstgemachte Süßigkeiten, Sahnebonbons und mit Koschenille bunt gefärbtes Marzipan, mit Zuckerguß überzogene Pfefferminzcreme- und Karamelfondantstückchen, Kokosnußhäufchen und kakaobepuderte Trüffeln.

Rumtrüffeln

125 g Butter schaumig rühren, nach und nach 125 g Puderzucker, vermischt mit 100 g Kakao, dazugeben, dann ein Ei und nach Belieben einen Schuß Rum einrühren. Zu kleinen Kugeln formen, die entweder mit Kakaopulver bestäubt oder in Schokoladenstreuseln gewälzt werden.

Im November schlägt das Herbstwetter um und wird ungemütlich. Die Bäume sind kahl, das abgefallene Laub liegt in nassen Haufen am Erdboden und verrottet. Das Licht im Haus muß schon früh angeschaltet werden. Dann kommt *Hallowe'en* und kurz darauf *Guy Fawkes Night.* Beides sind gute Gelegenheiten für Parties mit Würstchen und Chutney, Pellkartoffeln mit Butter, kandierten Äpfeln und Honigkuchen und Bechern mit heißem Kakao.

Und danach sperrt man die Küchentür ab und läßt den Winter draußen machen, was er will.